797,885 Books

are available to read at

Forgotten Books

www.ForgottenBooks.com

Forgotten Books' App
Available for mobile, tablet & eReader

ISBN 978-1-332-52122-7
PIBN 10432300

This book is a reproduction of an important historical work. Forgotten Books uses state-of-the-art technology to digitally reconstruct the work, preserving the original format whilst repairing imperfections present in the aged copy. In rare cases, an imperfection in the original, such as a blemish or missing page, may be replicated in our edition. We do, however, repair the vast majority of imperfections successfully; any imperfections that remain are intentionally left to preserve the state of such historical works.

Forgotten Books is a registered trademark of FB &c Ltd.
Copyright © 2015 FB &c Ltd.
FB &c Ltd, Dalton House, 60 Windsor Avenue, London, SW19 2RR.
Company number 08720141. Registered in England and Wales.

For support please visit www.forgottenbooks.com

1 MONTH OF FREE READING

at
www.ForgottenBooks.com

By purchasing this book you are eligible for one month membership to ForgottenBooks.com, giving you unlimited access to our entire collection of over 700,000 titles via our web site and mobile apps.

To claim your free month visit:
www.forgottenbooks.com/free432300

* Offer is valid for 45 days from date of purchase. Terms and conditions apply.

Similar Books Are Available from
www.forgottenbooks.com

Things Kept Secret from the Foundation of the World
by Unknown Author

How to Write Clearly
Rules and Exercises on English Composition, by Edwin Abbott

Ancient India
2000 B.C.-800 A.D., by Romesh Chunder Dutt

Improvement of the Mind
by Isaac Watts

A Dictionary of Thoughts
by Tryon Edwards

New, Old, and Forgotten Remedies
Papers By Many Writers, by Edward Pollock Anshutz

Mistakes in Writing English, and How to Avoid Them
by Marshall T. Bigelow

A Book of Myths
by Jean Lang

Practical Mind-Reading
by William Walker Atkinson

Mohammed, Buddha, and Christ
Four Lectures on Natural and Revealed Religion, by Marcus Dods

Numbers
Their Occult Power and Mystic Virtues, by W. Wynn Westcott

Logic
by Immanuel Kant

The Great Cities of the Ancient World
by Hazel Shepard

1000 Things Worth Knowing
"That All Who Read May Know", by Nathaniel C. Fowler

The Power of Thought
What It Is and What It Does, by John Douglas Sterrett

Jesus and What He Said
by Arthur Salter Burrows

The Evidence of Immortality
by Jerome A. Anderson

Philosophy of Mind
An Essay in the Metaphysics of Psychology, by George Trumbull Ladd

Public Speaking
Principles and Practice, by James Albert Winans

Mental Therapeutics
Or How to Cure All Diseases With the Mind, by W. D. Starrett

TEXTS FOR STUDENTS. No. 6

SCHOOL SERIES.
GENERAL EDITORS: Caroline A. J. Skeel, D.Lit.;
H. J. White, D.D.; J. P. Whitney, B.D., D.C.L.

SELECTIONS FROM THE VULGATE

ARRANGED BY

H. J. WHITE, D.D.

SOCIETY FOR PROMOTING
CHRISTIAN KNOWLEDGE
LONDON: 6, ST. MARTIN'S PLACE, W.C.2
1919

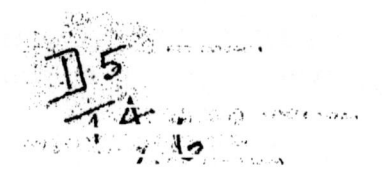

CONTENTS

	PAGE
INTRODUCTION	vii
GENESIS I. 1–II. 3	13
EXODUS XX. 1–17	15
NUMERI XXIV.	16
DEUTERONOMIUM XVI. 1–17	19
IOB XXVIII.	20
PSALMI VIII., XXIII., LI., LXVII., XC., XCV., XCVIII., C., CXIV., CXXII., CXXVII., CXXX.	22
PROUERBIA IX.	32
ECCLESIASTES I.	33
SAPIENTIA III. 1–9	35
ECCLESIASTICUS XLIV. 1–23	35
ESAIAS LIII.	38
HIEREMIAS XXXI. 10–17	39
EZECHIEL XXXVII. 1–14	40
1 MACHABAEORUM III. 10–IV. 25	41
MATTHEUS V. 1–12, VI. 1–13	46
LUCAS I. 46–55, 67–79, II. 1–14, 25–32	48
IOHANNES I. 1–14, XIV. 1–24	51
ACTUS XII. 1–19	53
AD ROMANOS XII.	54
1 AD CORINTHIOS XIII.	56
1 IOHANNIS IV. 7–21	57
APOCALYPSIS VII. 9–17, XIX. 1–10, XXI. 1–8, XXII. 16–21	58

435350

INTRODUCTION

THE VULGATE (*Editio Uulgata; uulgata*="popular") is the Latin translation of the Bible, from the Hebrew of the Old Testament, and the Greek of the New, made by St. Jerome during the years A.D. 383–405. For over a thousand years it was the sole form in which the Bible was known to Western Europe, and it remains to this day the Authorized Version of the Roman Church.

It was not, however, the *first* Latin version. Very early in the history of the Church certain books of the Bible—especially the Gospels and the Book of Psalms—had been translated by unknown scholars. Their work had been done quite simply, and with no attempt at literary elegance. Just as the New Testament had been written in the colloquial Greek of ordinary life,* so these translations were in colloquial Latin; but that Latin was clear, forcible, and often magnificent. Many such independent translations were current in Jerome's time; indeed, their number and variety were causing serious inconvenience; and so he was requested by the Bishop of Rome (Damasus I., A.D. 366-384) to examine them and, where they differed, to choose the rendering which was nearest the Greek. This he did with the aid of the most ancient Greek manuscripts, but making alterations only when absolutely necessary. His edition

* It was called the κοινή, or *common* dialect; the grammarians called it "Hellenistic" Greek.

of the Gospels was issued in A.D. 383, and the rest of the New Testament probably in the following year. It won wide acceptance, partly through the authority of the Roman See, partly through Jerome's personal reputation as a scholar.

In the New Testament, therefore, Jerome's work was a revision of older Latin versions.

The Old Latin version of the Psalms had been made not from the original Hebrew but from the Greek translation of it, known as the *Septuagint* (or LXX.). Jerome revised it twice. First when he was living in Rome (A.D. 382–385); this version is called the *Roman* Psalter, but is no longer in use save in St. Peter's. Later, when he had removed to Bethlehem (about A.D. 387), Jerome revised it again; this version is called the *Gallican* Psalter, from the wide popularity it obtained in Gaul; it is the Psalter found in the Vulgate Bible.

Thus in the Psalms Jerome's work was also the revision of an older Latin version.

Later, indeed, he translated them from the Hebrew; but the Gallican Psalter, like our own Prayer-Book version, was too familiar and too much loved to be supplanted by the more scientific work.

After Jerome had settled at Bethlehem he devoted himself to the great task of translating the Old Testament direct from the Hebrew (for the previous Latin versions of the different books had all been made from the Septuagint); and the work took him nearly twenty years. In this translation he included most, though not all, of the books of the Apocrypha; *e.g.*, he tells us that he translated Tobit and

Judith, but did not revise the existing translations of Wisdom and Ecclesiasticus.

In the Old Testament, therefore, Jerome's work was almost entirely a translation from the Hebrew.

None of the actual manuscripts written or corrected by Jerome survive. In the centuries between his age and the invention of printing, Vulgate Bibles were multiplied by hand-copying, and numerous mistakes crept into the text; the need for a single standard edition was almost as great in the sixteenth century as in the fourth. After some unsuccessful attempts, such an edition was brought out at Rome in 1592 under the auspices of Pope Clement VIII., and hence called the *Clementine Vulgate*. The text was corrected by the aid of some ancient and good manuscripts; and though the revision was not complete, the Clementine Vulgate was a great improvement on earlier editions.

Of late years much study has been given to the subject, and scholars believe that they are now in a position to reconstruct Jerome's Bible with some approach to certainty. In the Church of Rome the Benedictine Order was in the year 1907 entrusted by the Pope (Pius X.) with the task of bringing out a Revised Version of the whole Bible; and in due time it will no doubt appear. Meanwhile Dr. John Wordsworth (the late Bishop of Salisbury) had undertaken in 1878 to revise the New Testament; and though the big edition, with full collations of variant readings, has not yet been printed beyond the Epistle to the Romans, a small hand-edition of the complete New Testament was published, under his direction, in 1911.*

* *Nouum Testamentum Latine,* etc.; *editio minor, curante H. I. White,* 1911 (Oxford: Clarendon Press. London: British and Foreign Bible Society).

The Vulgate has left its mark on the English language and the English Bible. Some of our most familiar texts owe their present form to the fact that they are reminiscences of the Latin rather than literal translations of the Hebrew or Greek; for instance, in Mark v. 30, "Jesus immediately knowing in himself that *virtue* had gone out of him," is a rendering of the Vulgate, "Iesus cognoscens in semetipso *uirtutem* quae exierat de eo," where *virtus* = $\delta\acute{v}\nu\alpha\mu\iota\varsigma$, healing power; in John xiv. 2, "in my Father's house are many *mansions*," the last word is a rendering of the Vulgate *mansiones* = $\mu o\nu\alpha\acute{\iota}$, resting-places; in Matt. xvi. 22, "be it far from thee" is not so much a translation of the Greek $\overset{"}{\iota}\lambda\epsilon\omega\varsigma$ $\sigma o\iota$ (*i.e.*, $\overset{"}{\iota}\lambda\alpha\acute{o}\varsigma$ $\sigma o\iota$ $\overset{"}{\epsilon}\sigma\tau\omega$ $\dot{o}$ $\Theta\epsilon\acute{o}\varsigma$ = God be propitious to thee by averting this evil) as of the Vulgate "absit a te"; and in Acts xxiv. 16 the "conscience void of offence" is a translation of the Vulgate "sine offendiculo conscientiam" rather than of the Greek $\dot{\alpha}\pi\rho\acute{o}\sigma\kappa o\pi o\nu$ $\sigma v\nu\epsilon\acute{\iota}\delta\eta\sigma\iota\nu$, the "clear conscience" of the earlier English versions.*

Of words in ordinary use we may note that "Maundy" Thursday comes from *Mandatum*, as the anthem beginning "Mandatum nouum do uobis" (Joh. xiii. 34) was sung at the solemn washing of the feet on Thursday in Holy Week; and "dirge" is a corruption of "dirige," as "dirige in conspectu tuo uiam meam" (Ps. v. 8) were the opening words of an anthem in the mediæval funeral offices.†

In the following extracts the text of Bishop Wordsworth's edition has (by the kind permission of the Clarendon Press)

---

* See Carleton, *The Part of Rheims in the Making of the English Bible* (Oxford, 1902), p. 40.

† See Abp. Bernard, *The Psalter in Latin and English* (London, 1911), p. v.

been followed for the New Testament; the Clementine edition has been followed for the Old. The Clementine punctuation and use of capital letters have also been preserved in the Old Testament; but the paragraphs, verse-divisions, and line-divisions have been assimilated to those of the English Revised Version save (as in Job xxviii. 4, 5, Ps. cx. 3) where the sense of the Latin requires a different division. The spelling has also been made uniform, on the lines laid down by Bishop Wordsworth.

These passages will, it is hoped, bring before the reader such portions of the Vulgate as are specially magnificent in themselves, or are peculiarly sacred to devout Christians, or have great historical associations. Thus the Lord's Prayer and the Ten Commandments are given; also the shorter canticles at Morning and Evening Prayer (*Uenite, Benedictus, Iubilate, Magnificat, Cantate, Nunc dimittis, Deus misereatur*). Ps. cxiv. (*In exitu Israhel*) was, with the *Non nobis, Domine,* sung by the English troops after the Battle of Agincourt (A.D. 1415);* Ps. cxxii. (*Laetatus sum*) at the service held at the English Church in Jerusalem, after its recovery from the Turks (A.D. 1918); Ecclus. xliv. is endeared to many Englishmen by its connection with Commemoration Services at School or College.

H. J. W.

* Compare Dante, *Purgatorio* c. ii. 46 ; Ps. cxiv. has been used in Western funeral offices from the sixth century onwards.

SELECTIONS FROM THE VULGATE

Genesis I. 1–II. 3.

¹ In principio creauit Deus caelum, et terram. ² Terra autem erat inanis et uacua, et tenebrae erant super faciem abyssi: et Spiritus Dei ferebatur super aquas. ³ Dixitque Deus: Fiat lux. Et facta est lux. ⁴ Et uidit Deus lucem quod esset bona: et diuisit lucem a tenebris. ⁵ Appellauitque lucem Diem, et tenebras Noctem: factumque est uespere et mane, dies unus.

⁶ Dixit quoque Deus: Fiat firmamentum in medio aquarum: et diuidat aquas ab aquis. ⁷ Et fecit Deus firmamentum, diuisitque aquas, quae erant sub firmamento, ab his, quae erant super firmamentum. Et factum est ita. ⁸ Uocauitque Deus firmamentum, Caelum: et factum est uespere et mane, dies secundus.

⁹ Dixit uero Deus: Congregentur aquae, quae sub caelo sunt, in locum unum: et appareat arida. Et factum est ita. ¹⁰ Et uocauit Deus aridam, Terram, congregationesque aquarum appellauit Maria. Et uidit Deus quod esset bonum. ¹¹ Et ait: Germinet terra herbam uirentem, et facientem semen, et lignum pomiferum faciens fructum iuxta genus suum, cuius semen in semet ipso sit super terram. Et factum est ita. ¹² Et protulit terra herbam uirentem, et facientem semen iuxta genus suum, lignumque faciens fructum, et habens unumquodque sementem secundum speciem suam. Et uidit Deus quod esset bonum. ¹³ Et factum est uespere et mane, dies tertius.

¹⁴ Dixit autem Deus: Fiant luminaria in firmamento caeli, et diuidant diem ac noctem, et sint in signa et tempora, et dies et annos: ¹⁵ ut luceant in firmamento caeli, et inluminent terram. Et factum est ita. ¹⁶ Fecitque Deus duo luminaria magna: luminare maius, ut praeesset diei: et luminare minus, ut praeesset nocti: et stellas. ¹⁷ Et posuit eas in firmamento caeli, ut lucerent super terram, ¹⁸ et praeessent diei ac nocti, et diuiderent lucem ac tenebras. Et uidit Deus quod esset bonum. ¹⁹ Et factum est uespere et mane, dies quartus.

²⁰ Dixit etiam Deus: Producant aquae reptile animae uiuentis, et uolatile super terram sub firmamento caeli. ²¹ Creauitque Deus Cete grandia, et omnem animam uiuentem atque motabilem, quam produxerant aquae in species suas, et omne uolatile secundum genus suum. Et uidit Deus quod esset bonum. ²² Benedixitque eis, dicens: Crescite, et multiplicamini, et replete aquas maris: auesque multiplicentur super terram. ²³ Et factum est uespere et mane, dies quintus.

²⁴ Dixit quoque Deus: Producat terra animam uiuentem in genere suo, iumenta, et reptilia, et bestias terrae secundum species suas. Factumque est ita. ²⁵ Et fecit Deus bestias terrae iuxta species suas, et iumenta, et omne reptile terrae in genere suo. Et uidit Deus quod esset bonum, ²⁶ et ait: Faciamus Hominem ad imaginem, et similitudinem nostram: et praesit piscibus maris, et uolatilibus caeli, et bestiis, uniuersaeque terrae, omnique reptili, quod mouetur in terra ²⁷ Et creauit Deus hominem ad imaginem suam: ad imaginem Dei creauit illum, masculum et feminam creauit eos. ²⁸ Benedixitque illis Deus, et ait: Crescite et multiplicamini, et replete terram, et subicite eam, et dominamini piscibus maris, et uolatilibus caeli, et uniuersis

animantibus, quae mouentur super terram. ²⁹ Dixitque Deus: Ecce dedi uobis omnem herbam adferentem semen super terram, et uniuersa ligna quae habent in semet ipsis sementem generis sui, ut sint uobis in escam: ³⁰ et cunctis animantibus terrae, omnique uolucri caeli, et uniuersis quae mouentur in terra, et in quibus est anima uiuens, ut habeant ad uescendum. Et factum est ita. ³¹ Uiditque Deus cuncta quae fecerat: et erant ualde bona. Et factum est uespere et mane, dies sextus.

II. ¹ Igitur perfecti sunt caeli et terra, et omnis ornatus eorum. ² Compleuitque Deus die septimo opus suum quod fecerat: et requieuit die septimo ab uniuerso opere quod patrarat. ³ Et benedixit diei septimo; et sanctificauit illum: quia in ipso cessauerat ab omni opere suo quod creauit Deus ut faceret.

Exodus XX. 1–17.

¹ Locutusque est Dominus cunctos sermones hos:

² Ego sum Dominus Deus tuus, qui eduxi te de Terra Aegypti, de domo seruitutis.

³ Non habebis deos alienos coram me.

⁴ Non facies tibi sculptile, neque omnem similitudinem quae est in caelo desuper, et quae in terra deorsum, nec eorum quae sunt in aquis sub terra. ⁵ Non adorabis ea, neque coles: ego sum Dominus Deus tuus fortis, zelotes, uisitans iniquitatem patrum in filios, in tertiam et quartam generationem eorum qui oderunt me: ⁶ et faciens misericordiam in milia his qui diligunt me, et custodiunt praecepta mea.

⁷ Non adsumes nomen Domini Dei tui in uanum. nec enim habebit insontem Dominus eum qui adsumserit nomen Domini Dei sui frustra.

⁸ Memento ut diem sabbati sanctifices. ⁹ Sex diebus operaberis, et facies omnia opera tua. ¹⁰ Septimo autem die sabbatum Domini Dei tui est: non facies omne opus in eo, tu, et filius tuus et filia tua, seruus tuus et ancilla tua, iumentum tuum, et aduena qui est intra portas tuas. ¹¹ Sex enim diebus fecit Dominus caelum et terram, et mare, et omnia quae in eis sunt, et requieuit in die septimo, idcirco benedixit Dominus diei sabbati, et sanctificauit eum.

¹² Honora patrem tuum et matrem tuam, ut sis longaeuus super terram, quam Dominus Deus tuus dabit tibi.

¹³ Non occides.

¹⁴ Non moechaberis.

¹⁵ Non furtum facies.

¹⁶ Non loqueris contra proximum tuum falsum testimonium.

¹⁷ Non concupisces domum proximi tui: nec desiderabis uxorem eius, non seruum, non ancillam, non bouem, non asinum, nec omnia quae illius sunt.

Numeri XXIV.

¹ Cumque uidisset Balaam quod placeret Domino ut benediceret Israheli, nequaquam abiit ut ante perrexerat, ut augurium quaereret: sed dirigens contra desertum uultum suum, ² et eleuans oculos, uidit Israhel in tentoriis commorantem per tribus suas: et inruente in se spiritu Dei, ³ adsumta parabola ait:

    Dixit Balaam filius Beor:
    dixit homo, cuius obturatus est oculus:
⁴ dixit auditor sermonum Dei,
    qui uisionem Omnipotentis intuitus est,
    qui cadit, et sic aperiuntur oculi eius:

⁵ Quam pulchra tabernacula tua Jacob,
  et tentoria tua Israhel!
⁶ ut ualles nemorosae,
  ut horti iuxta fluuios irrigui,
  ut tabernacula quae fixit Dominus,
  quasi cedri prope aquas.
⁷ Fluet aqua de situla eius,
  et semen illius erit in aquas multas.
  Tolletur propter Agag, rex eius,
  et auferetur regnum illius.
⁸ Deus eduxit illum de Aegypto,
  cuius fortitudo similis est rhinocerotis.
  Deuorabunt gentes hostes illius,
  ossaque eorum confringent,
  et perforabunt sagittis.
⁹ Accubans dormiuit ut leo,
  et quasi leaena, quam suscitare nullus audebit.
  Qui benedixerit tibi, erit et ipse benedictus:
  qui maledixerit, in maledictione reputabitur.
¹⁰ Iratusque Balac contra Balaam, complosis manibus ait: Ad maledicendum inimicis meis uocaui te, quibus e contrario tertio benedixisti: ¹¹ reuertere ad locum tuum. Decreueram quidem magnifice honorare te, sed Dominus priuauit te honore disposito. ¹² Respondit Balaam ad Balac: Nonne nuntiis tuis, quos misisti ad me, dixi: ¹³ Si dederit mihi Balac plenam domum suam argenti et auri, non potero praeterire sermonem Domini Dei mei, ut uel boni quid, uel mali proferam ex corde meo: sed quidquid Dominus dixerit, hoc loquar? ¹⁴ Uerumtamen pergens ad populum meum, dabo consilium, quid populus tuus populo huic faciat extremo tempore. ¹⁵ Sumta igitur parabola, rursum ait:
  Dixit Balaam filius Beor:
  dixit homo, cuius obturatus est oculus:

¹⁶ dixit auditor sermonum Dei,
qui nouit doctrinam Altissimi,
et uisiones Omnipotentis uidet,
qui cadens apertos habet oculos.
¹⁷ Uidebo eum, sed non modo:
intuebor illum, sed non prope.
ORIETUR STELLA ex Jacob,
et consurget uirga de Israhel:
et percutiet duces Moab,
uastabitque omnes filios Seth.
¹⁸ Et erit Idumaea possessio eius:
hereditas Seir cedet inimicis suis:
Israhel uero fortiter aget.
¹⁹ De Jacob erit qui dominetur,
et perdat reliquias ciuitatis.
²⁰ Cumque uidisset Amalec, adsumens parabolam, ait
Principium Gentium Amalec,
cuius extrema perdentur.
²¹ Uidit quoque Cinaeum: et adsumta parabola, ait:
Robustum quidem est habitaculum tuum:
sed si in petra posueris nidum tuum,
²² et fneris electus de stirpe Cin,
quamdiu poteris permanere?
Assur enim capiet te.
²³ Adsumtaque parabola iterum locutus est:
Heu, quis uicturus est, quando ista faciet Deus?
²⁴ Uenient in trieribus de Italia,
superabunt Assyrios, uastabuntque Hebraeos,
et ad extremum etiam ipsi peribunt.
²⁵ Surrexitque Balaam, et reuersus est in locum suum:
Balac quoque uia, qua uenerat, rediit.

Deuteronomium XVI. 1-17.

¹ Obserua mensem nouarum frugum, et uerni primum temporis, ut facias Phase Domino Deo tuo: quoniam in isto mense eduxit te Dominus Deus tuus de Aegypto nocte. ² Immolabisque Phase Domino Deo tuo de ouibus, et de bobus in loco, quem elegerit Dominus Deus tuus, ut habitet nomen eius ibi. ³ Non comedes in eo panem fermentatum: Septem diebus comedes absque fermento, afflictionis panem, quoniam in pauore egressus es de Aegypto: ut memineris diei egressionis tuae de Aegypto, omnibus diebus uitae tuae. ⁴ Non apparebit fermentum in omnibus terminis tuis septem diebus, et non remanebit de carnibus eius quod immolatum est uespere in die primo usque mane. ⁵ Non poteris immolare Phase in qualibet urbium tuarum, quas Dominus Deus tuus daturus est tibi; ⁶ sed in loco, quem elegerit Dominus Deus tuus, ut habitet nomen eius ibi: immolabis Phase uespere ad solis occasum, quando egressus es de Aegypto. ⁷ Et coques, et comedes in loco, quem elegerit Dominus Deus tuus, maneque consurgens uades in tabernacula tua. ⁸ Sex diebus comedes azyma: et in die septima, quia collecta est Domini Dei tui, non facies opus.

⁹ Septem hebdomadas numerabis tibi ab ea die qua falcem in segetem miseris. ¹⁰ Et celebrabis diem festum hebdomadarum Domino Deo tuo, oblationem spontaneam manus tuae, quam offeres iuxta benedictionem Domini Dei tui: ¹¹ et epulaberis coram Domino Deo tuo, tu, filius tuus, et filia tua, seruus tuus, et ancilla tua, et Leuites qui est intra portas tuas, aduena ac pupillus et uidua, qui morantur uobiscum: in loco quem elegerit Dominus Deus tuus, ut habitet nomen eius ibi: ¹² et recordaberis quoniam seruus

fueris in Aegypto: custodiesque ac facies quae praecepta sunt.

¹³ Sollemnitatem quoque tabernaculorum celebrabis per septem dies, quando collegeris de area et torculari fruges tuas: ¹⁴ et epulaberis in festiuitate tua, tu, filius tuus, et filia, seruus tuus et ancilla, Leuites quoque et aduena, pupillus ac uidua qui intra portas tuas sunt. ¹⁵ Septem diebus Domino Deo tuo festa celebrabis in loco, quem elegerit Dominus: benedicetque tibi Dominus Deus tuns in cunctis frugibus tuis, et in omni opere manuum tuarum, erisque in laetitia ¹⁶ Tribus uicibus per annum apparebit omne masculinum tuum in conspectu Domini Dei tui in loco quem elegerit: in sollemnitate azymorum, in sollemnitate hebdomadarum, et in sollemnitate tabernaculorum. Non apparebit ante Dominum uacuus:¹⁷ sed offeret unusquisque secundum quod habuerit iuxta benedictionem Domini Dei sui, quam dederit ei.

Iob XXVIII.

¹ Habet argentum, uenarum suarum principia:
et auro locus est, in quo conflatur.
² Ferrum de terra tollitur:
et lapis solutus calore, in aes uertitur.
³ Tempus posuit tenebris,
et uniuersorum finem ipse considerat,
lapidem quoque caliginis, et umbram mortis.
Diuidit torrens a populo peregrinante,
eos, quos oblitus est pes egentis hominis, et inuios.
⁵ Terra, de qua oriebatur panis in loco suo, ıgm subuersa
est.

⁶ Locus sapphiri lapides eius,
et glebae illius aurum.
⁷ Semitam ignorauit auis,
nec intuitus est eam oculus uulturis.
⁸ Non calcauerunt eam filii institorum,
nec pertransiuit per eam leaena.
⁹ Ad silicem extendit manum suam,
subuertit a radicibus montes.
¹⁰ In petris riuos excidit,
et omne pretiosum uidit oculus eius.
¹¹ Profunda quoque fluuiorum scrutatus est,
et abscondita in lucem produxit.
¹² Sapientia uero ubi inuenitur ?
et quis est locus intellegentiae ?
¹³ Nescit homo pretium eius,
nec inuenitur in terra suauiter uiuentium.
¹⁴ Abyssus dicit: Non est in me:
et mare loquitur: Non est mecum.
¹⁵ Non dabitur aurum obrizum pro ea,
nec appendetur argentum in commutatione eius.
¹⁶ Non conferetur tinctis Indiae coloribus,
nec lapidi sardonycho pretiosissimo, uel sapphiro.
¹⁷ Non adaequabitur ei aurum uel uitrum,
nec commutabuntur pro ea uasa auri:
¹⁸ Excelsa et eminentia non memorabuntur comparatione
eius:
trahitur autem sapientia de occultis.
¹⁹ Non adaequabitur ei topazius de Aethiopia,
nec tincturae mundissimae componetur.
²⁰ Unde ergo sapientia uenit ?
et quis est locus intellegentiae ?

²¹ Abscondita est ab oculis omnium uiuentium,
  uolucres quoque caeli latet.
²² Perditio et mors dixerunt:
  Auribus nostris audiuimus famam eius.
²³ Deus intellegit uiam eius,
  et ipse nouit locum illius.
²⁴ Ipse enim fines mundi intuetur:
  et omnia, quae sub caelo sunt, respicit.
²⁵ Qui fecit uentis pondus,
  et aquas appendit in mensura.
²⁶ Quando ponebat pluuiis legem,
  et uiam procellis sonantibus:
²⁷ Tunc uidit illam, et enarrauit,
  et praeparauit, et inuestigauit.
²⁸ Et dixit homini:
  Ecce timor Domini, ipsa est sapientia:
  et recedere a malo, intellegentia.

Psalmus VIII.

¹ Domine Dominus noster,
  quam admirabile est nomen tuum in uniuersa terra!
  Quoniam eleuata est magnificentia tua, super caelos.
² Ex ore infantium et lactantium perfecisti laudem
  propter inimicos tuos,
    ut destruas inimicum et ultorem.
³ Quoniam uidebo caelos tuos, opera digitorum tuorum:
  lunam et stellas, quae tu fundasti.
⁴ Quid est homo, quod memor es eius?
  aut filius hominis, quoniam uisitas eum?

⁵ Minuisti eum paulominus ab angelis,
   gloria et honore coronasti eum:
⁶ et constituisti eum super opera mannum tuarum.
   Omnia subiecisti sub pedibus eius,
   oues et boues uniuersas:
   insuper et pecora campi.
⁸ Uolucres caeli, et pisces maris,
   qui perambulant semitas maris.
⁹ Domine Dominus noster,
   quam admirabile est nomen tuum in uniuersa terra!

Psalmus XXIII. (XXII. *Vulg.*).

¹ Dominus regit me, et nihil mihi deerit:
² in loco pascuae ibi me conlocauit.
   Super aquam refectionis educauit me:
³ animam meam conuertit.
   Deduxit me super semitas iustitiae, propter nomen suum.
⁴ Nam, et si ambulauero in medio umbrae mortis,
   non timebo mala: quoniam tu mecum es.
   Uirga tua, et baculus tuus: ipsa me consolata sunt.
⁵ Parasti in conspectu meo mensam, aduersus eos, qui
      tribulant me.
   Inpınguasti in oleo caput meum: et calix meus inebrians
      quam praeclarus est!
⁶ Et misericordia tua subsequetur me omnibus diebus
      uitae meae:
   Et ut inhabitem in domo Domini, in longitudinem
      dierum.

Psalmus LI. (L. *Vulg.*).

1. Miserere mei Deus, secundum magnam misericordiam tuam.
   Et secundum multitudinem miserationum tuarum, dele iniquitatem meam.
2. Amplius laua me ab iniquitate mea:
   et a peccato meo munda me.
3. Quoniam iniquitatem meam ego cognosco:
   et peccatum meum contra me est semper.
4. Tibi soli peccaui,
   et malum coram te feci:
   ut iustificeris in sermonibus tuis,
   et uincas cum iudicaris.
5. Ecce enim in iniquitatibus conceptus sum:
   et in peccatis concepit me mater mea.
6. Ecce enim ueritatem dilexisti:
   incerta, et occulta sapientiae tuae manifestasti mihi.
7. Asperges me hysopo, et mundabor·
   lauabis me, et super niuem dealbabor.
8. Auditui meo dabis gaudium et laetitiam:
   et exultabunt ossa humiliata.
9. Auerte faciem tuam a peccatis meis:
   et omnes iniquitates meas dele.
10. Cor mundum crea in me Deus:
    et spiritum rectum innoua in uisceribus meis.
11. Ne proicias me a facie tua:
    et spiritum sanctum tuum ne auferas a me.
12. Redde mihi laetitiam salutaris tui:
    et spiritu principali confirma me.
13. Docebo iniquos uias tuas:
    et impii ad te conuertentur.

¹⁴ Libera me de sanguinibus Deus, Deus salutis meae:
et exultabit lingua mea iustitiam tuam.
¹⁵ Domine, labia mea aperies.
et os meum adnuntiabit laudem tuam.
¹⁶ Quoniam si uoluisses sacrificium, dedissem utique:
holocaustis non delectaberis.
¹⁷ Sacrificium Deo spiritus contribulatus:
cor contritum, et humiliatum Deus non despicies.
¹⁸ Benigne fac Domine in bona uoluntate tua Sion:
ut aedificentur muri Hierusalem.
¹⁹ Tunc acceptabis sacrificium iustitiae, oblationes, et holocausta:
tunc inponent super altare tuum uitulos.

Psalmus LXVII. (LXVI. *Vulg*).

¹ Deus misereatur nostri, et benedicat nobis:
inluminet uultum suum super nos, et misereatur nostri.
² Ut cognoscamus in terra uiam tuam:
in omnibus gentibus salutare tuum.
³ Confiteantur tibi populi Deus:
confiteantur tibi populi omnes.
⁴ Laetentur et exultent gentes:
quoniam iudicas populos in aequitate,
et gentes in terra dirigis
⁵ Confiteantur tibi populi Deus,
confiteantur tibi populi omnes:
⁶ terra dedit fructum suum.
Benedicat nos Deus, Deus noster,
⁷ Benedicat nos Deus.
et metuant eum omnes fines terrae.

Psalmus XC. (LXXXIX. *Vulg.*).

1 Domine, refugium factus es nobis:
a generatione in generationem.
2 Priusquam montes fierent,
aut formaretur terra, et orbis:
a saeculo et usque in saeculum tu es Deus.
3 Ne auertas hominem in humilitatem:
et dixisti: Conuertimini filii hominum.
4 Quoniam mille anni ante oculos tuos,
tamquam dies hesterna, quae prateriuit,
et custodia in nocte,
5 quae pro nihilo habentur, corum anni erunt.
Mane sicut herba transeat,
6 mane floreat, et transeat:
uespere decidat, induret, et arescat,
7 Quia defecimus in ira tua,
et in furore tuo turbati sumus.
8 Posuisti iniquitates nostras in conspectu tuo:
saeculum nostrum in inluminatione uultus tui.
9 Quoniam omnes dies nostri defecerunt:
et in ira tua defecimus.
Anni nostri sicut aranea meditabuntur:
10 dies annorum nostrorum in ipsis, septuaginta anni.
Si autem in potentatibus octoginta anni:
et amplius eorum, labor et dolor.
Quoniam superuenit mansuetudo: et corripiemur.
11 Quis nouit potestatem irae tuae:
et prae timore tuo iram tuam dinumerare?
12 Dexteram tuam sic notam fac:
et eruditos corde in sapientia.

¹³ Conuertere Domine usquequo!?
  et deprecabilis esto super seruos tuos.
¹⁴ Repleti sumus mane misericordia tua:
  et exultauimus, et delectati sumus omnibus diebus
    nostris.
¹⁵ Laetati sumus pro diebus, quibus nos humiliasti:
  annis, quibus uidimus mala,
¹⁶ Respice in sernos tuos, et in opera tua:
  et dirige filios eorum.
¹⁷ Et sit splendor Domini Dei nostri super nos,
  et opera manuum nostrarum dirige super nos:
  et opus mannum nostrarum dirige.

Psalmus XCV. (XCIV. *Vulg*).

¹ Uenite, exultemus Domino:
  iubilemus Déo salutari nostro:
² Praeoccupemus faciem eius in confessione:
  et in psalmis iubilemus ei.
³ Quoniam Deus magnus Dominus:
  et rex magnus super omnes deos.
⁴ Quia in manu eius sunt omnes fines terrae:
  et altitudines montium ipsius sunt
⁵ Quoniam ipsius est mare, et ipse fecit illud:
  et siccam manus eius formauerunt.
⁶ Uenite adoremus, et procidamus:
  et ploremus ante Dominum, qui fecit nos.
⁷ Quia ipse est Dominus Deus noster:
  et nos populus pascuae eius, et oues manus eius.
  Hodie si uocem eius audieritis,
⁸ nolite obdurare corda uestra;

Sieut in inritatione
secundum diem temtationis in deserto:
⁹ ubi temtauerunt me patres uestri,
probauerunt me, et uiderunt opera mea.
¹⁰ Quadraginta annis offensus fui generationi illi,
et dixi: Semper hi errant corde.
Et isti non cognouerunt uias meas:
¹¹ ut iuraui in ira mea:
Si introibunt in requiem meam.

Psalmus XCVIII. (XCVII. *Vulg*).

¹ Cantate Domino canticum nouum·
quia mirabilia fecit.
Saluauit sibi dextera eius: et brachium sanctum eius.
² Notum fecit Dominus salutare suum:
in conspectu Gentium reuelauit iustitiam suam.
³ Recordatus est misericordiae suae, et ueritatis suae
domui Israhel.
Uiderunt omnes termini terrae salutare Dei nostri.
⁴ Iubilate Deo omnis terra:
cantate, et exultate, et psallite.
⁵ Psallite Domino in cithara,
in cithara et uoce psalmi:
⁶ in tubis ductilibus, et uoce tubae corneae.
Iubilate in conspectu regis Domini:
⁷ moueatur mare, et plenitudo eius:
orbis terrarum, et qui habitant in eo.
⁸ Flumina plaudent manu,
simul montes exultabunt

⁹ a conspectu Domini: quoniam uenit iudicare terram.
Iudicabit orbem terrarum in iustitia,
et populos in aequitate.

Psalmus C. (XCIX. *Vulg*).

¹ Iubilate Deo omnis terra:
² seruite Domino in laetitia.
Introite in conspectu eius, in exultatione.
³ Scitote quoniam Dominus ipse est Deus:
ipse fecit nos, et non ipsi nos:
Populus eius, et oues pascuae eius:
⁴ introite portas eius in confessione,
atria eius in hymnis:
confitemini illi. Laudate nomen eius:
⁵ quoniam suauis est Dominus, in aeternum misericordia eius,
et usque in generationem et generationem neritas eius.

Psalmus CXIV. (CXIII. *Vulg*.).

¹ In exitu Israhel de Aegypto,
domus Iacob de populo barbaro:
² Facta est Iudaea sanctificatio eius,
Israhel potestas eius.
³ Mare uidit, et fugit:
Iordanis conuersus est retrorsum.
⁴ Montes exultauerunt ut arietes:
et colles sicut agni ouium.

⁵ Quid est tibi mare quod fugisti:
   et tu Iordanis, quia conuersus es retrorsum ?
⁶ Montes exultastis sicut arietes,
   et colles sicut agni ouium.
⁷ A facie Domini mota est terra,
   a facie Dei Iacob.
⁸ Qui conuertit petram in stagna aquarum,
   et rupem in fontes aquarum.

Psalmus CXXII. (CXXI. *Vulg*).

¹ Laetatus sum in his, quae dicta sunt mihi:
   In domum Domini ibimus.
² Stantes erant pedes nostri,
   in atriis tuis Hierusalem.
³ Hierusalem, quae aedificatur ut ciuitas:
   cuius participatio eius in idipsum.
⁴ Illuc enim ascenderunt tribus, tribus Domini
   testimonium Israhel
   ad confitendum nomini Domini.
⁵ Quia illuc sederunt sedes in iudicio,
   sedes super domum Dauid.
⁶ Rogate quae ad pacem sunt Hierusalem:
   et abundantia diligentibus te:
⁷ Fiat pax in uirtute tua:
   et abundantia in turribus tuis.
⁸ Propter fratres meos, et proximos meos,
   loquebar pacem de te:
⁹ Propter domum Domini Dei nostri,
   quaesiui bona tibi.

Psalmus CXXVII. (CXXVI. *Vulg.*).

¹ Nisi Dominus aedificauerit domum,
in uanum laborauerunt qui aedificant eam.
Nisi Dominus custodierit ciuitatem,
frustra uigilat qui custodit eam.
² Uanum est uobis ante lucem surgere: surgite postquam sederitis,
qui manducatis panem doloris.
Cum dederit dilectis suis somnum:
³ ecce hereditas Domini filii:
merces, fructus uentris.
⁴ Sicut sagittae in manu potentis:
ita filii excussorum.
⁵ Beatus uir qui impleuit desiderium suum ex ipsis:
non confundetur cum loquetur inimicis suis in porta.

Psalmus CXXX. (CXXIX. *Vulg.*).

¹ De profundis clamaui ad te Domine:
² Domine exaudi uocem meam:
Fiant aures tuae intendentes,
in uocem deprecationis meae.
³ Si iniquitates obseruaueris Domine:
Domine quis sustinebit?
Quia apud te propitiatio est:
et propter legem tuam ⁵ sustinui te Domine.

Sustinuit anima mea in uerbo eius:
⁶ sperauit anima mea in Domino.
A custodia matutina usque ad noctem:
⁷ speret Israhel in Domino.
Quia apud Dominum misericordia:
et copiosa apud eum redemptio.
⁸ Et ipse redimet Israhel,
ex omnibus iniquitatibus eius.

Prouerbia IX.

Sapientia aedificauit sibi domum,
excidit columnas septem.
² Immolauit uictimas suas, miscuit uinum,
et proposuit mensam suam.
³ Misit ancillas suas ut uocarent
ad arcem, et ad moenia ciuitatis:
⁴ Si quis est paruulus, ueniat ad me.
Et insipientibus locuta est:
⁵ Uenite, comedite panem meum,
et bibite uinum quod miscui uobis.
⁶ Relinquite infantiam, et uiuite,
et ambulate per uias prudentiae.

⁷ Qui erudit derisorem, ipse iniuriam sibi facit:
et qui arguit impium, sibi maculam generat.
⁸ Noli arguere derisorem, ne oderit te.
Argue sapientem, et diliget te.
⁹ Da sapienti occasionem, et addetur ei sapientia.
Doce iustum, et festinabit accipere.

¹⁰ Principium sapientiae timor Domini·
   et scientia sanctorum, prudentia.
¹¹ Per me enim multiplicabuntur dies tui,
   et addentur tibi anni uitae.
 ² Si sapiens fueris, tibimet ipsi eris:
   si autem illusor, solus portabis malum.

¹³ Mulier stulta et clamosa,
   plenaque illecebris, et nihil omnino sciens,
¹⁴ sedit in foribus domus suae
   super sellam in excelso urbis loco,
¹⁵ ut uocaret transeuntes per uiam,
   et pergentes itinere suo:
¹⁶ Qui est paruulus, declinet ad me.
   Et uecordi locuta est:
¹⁷ Aquae furtiuae dulciores sunt,
   et panis absconditus suauior.
¹⁸ Et ignorauit quod ibi sint gigantes,
   et in profundis inferni conuiuae eius.

Ecclesiastes I.

¹ Uerba Ecclesiastae, filii Dauid, regis Hierusalem. ⸱Uanitas uanitatum, dixit Ecclesiastes: uanitas uanitatum, et omnia uanitas. ³ Quid habet amplius homo de uniuerso labore suo, quo laborat sub sole? ⁴ Generatio praeterit, et generatio aduenit; terra autem in aeternum stat. ⁵ Oritur sol, et occidit, et ad locum suum reuertitur: ibique renascens, ⁶ gyrat per Meridiem, et flectitur ad Aquilonem: lustráns uniuersa in circuitu pergit spiritus, et in circulos

suos reuertitur. ⁷ Omnia flumina intrant in mare, et mare non redundat: ad locum, unde exeunt flumina, reuertuntur ut iterum fluant. ⁸ Cunctae res difficiles: non potest eas homo explicare sermone. Non saturatur oculus uisu, nec auris auditu impletur. ⁹ Quid est quod fuit? ipsum quod futurum est. Quid est quod factum est? ipsum quod faciendum est. ¹⁰ Nihil sub sole nouum, nec ualet quisquam dicere: Ecce hoc recens est: iam enim praecessit in saeculis, quae fuerunt ante nos. ¹¹ Non est priorum memoria: sed nec eorum quidem, quae postea futura sunt, erit recordatio apud eos, qui futuri sunt in nouissimo

¹² Ego Ecclesiastes fui rex Israhel in Hierusalem, ¹³ et proposui in animo meo quaerere et inuestigare sapienter de omnibus, quae fiunt sub sole. Hanc occupationem pessimam dedit Deus filiis hominum, ut occuparentur in ea. ¹⁴ Uidi cuncta, quae fiunt sub sole, et ecce uniuersa uanitas, et afflictio spiritus. ¹⁵ Peruersi difficile corriguntur, et stultorum infinitus est numerus. ¹⁶ Locutus sum in corde meo, dicens: Ecce magnus effectus sum, et praecessi omnes sapientia, qui fuerunt ante me in Hierusalem: et mens mea contemplata est multa sapienter, et didici. ¹⁷ Dedique cor meum ut scirem prudentiam, atque doctrinam, erroresque et stultitiam: et agnoui quod in his quoque esset labor, et afflictio spiritus, ¹⁸ eo quod in multa sapientia multa sit indignatio: et qui addit scientiam, addit et laborem.

Sapientia III. 1-9.

1. Iustorum autem animae in manu Dei sunt,
et non tanget illos tormentum mortis.
2. Uisi sunt oculis insipientium mori:
et aestimata est afflictio exitus illorum:
3. et quod a nobis est iter, exterminium:
illi autem sunt in pace.
4. Et si coram hominibus tormenta passi sunt,
spes illorum immortalitate plena est.
5. In paucis uexati, in multis bene disponentur:
quoniam Deus temtauit eos, et inuenit illos dignos se.
6. Tamquam aurum in fornace probauit illos,
et quasi holocausti hostiam accepit illos,
7. et in tempore erit respectus illorum.
Fulgebunt iusti,
et tamquam scintillae in arundineto discurrent.
8. Iudicabunt nationes, et dominabuntur populis,
et regnabit Dominus illorum in perpetuum.
9. Qui confidunt in illo, intellegent ueritatem:
et fideles in dilectione adquiescent illi:
quoniam donum et pax est electis eius.

Ecclesiasticus XLIV. 1-23.

1. Laudemus uiros gloriosos,
et parentes nostros in generatione sua.
2. Multam gloriam fecit Dominus
magnificentia sua a saeculo.

³ Dominantes in potestatibus suis,
  homines magni uirtute,
  et prudentia sua praediti,
  nuntiantes in prophetis dignitatem prophetarum,
⁴ et imperantes in praesenti populo,
  et uirtute prudentiae populis * sanctissima uerba.
⁵ In peritia sua requirentes modos musicos,
  et narrantes carmina scripturarum.
⁶ Homines diuites in uirtute, pulchritudinis studium habentes:
  pacificantes in domibus suis.
⁷ Omnes isti in generationibus gentis suae gloriam adepti sunt,
  et in diebus suis habentur in laudibus.
⁸ Qui de illis nati sunt, reliquerunt nomen
  narrandi laudes eorum:
⁹ et sunt quorum non est memoria:
  perierunt quasi non fuerint:
  et nati sunt, quasi non nati,
  et filii ipsorum cum ipsis.
¹⁰ Sed illi uiri misericordiae sunt,
  quorum pietates non defuerunt:
¹¹ cum semine eorum permanent bona,
  hereditas sancta nepotes eorum,
  et in testamentis stetit semen eorum:
¹² et filii eorum propter illos
  usque in aeternum manent:
¹³ semen eorum et gloria eorum non derelinquetur.
¹⁴ Corpora ipsorum in pace sepulta sunt,
  et nomen eorum uiuit in generationem et generationem.

* We must probably supply some verb, such as *nuntiantes* or *loquentes*.

¹⁵ Sapientiam ipsorum narrent populi,
et laudem eorum nuntiet ecclesia.

¹⁶ Enoch placuit Deo, et translatus est in paradisum,
ut det gentibus paenitentiam.
¹⁷ Noe inuentus est perfectus, iustus,
et in tempore iracundiae factus est reconciliatio.
Ideo dimissum est reliquum terrae,
cum factum est diluuium.
¹⁸ Testamenta saeculi posita sunt apud illum,
ne deleri possit diluuio omnis caro

¹⁹ Abraham magnus pater multitudinis gentium,
et non est inuentus similis illi in gloria:
²⁰ qui conseruauit legem Excelsi,
et fuit in testamento cum illo.
In carne eius stāre fecit testamentum,
et in temtatione inuentus est fidelis.

²¹ Ideo iureiurando dedit illi gloriam in gente sua,
crescere illum quasi terrae cumulum,
et ut stellas exaltare semen eius,
et hereditare illos a mari usque ad mare,
et a flumine usque ad terminos terrae.
²² Et in Isaac eodem modo fecit propter Abraham patrem
eius.
Benedictionem omnium Gentium dedit illi Dominus,
²³ et testamentum confirmauit super caput Iacob.
Agnouit eum in benedictionibus suis,
et dedit illi hereditatem,
et diuisit illi partem
in tribubus duodecim.

Esaias LIII.

¹ Quis credidit auditui nostro? et brachium Domini cui reuelatum est? ² Et ascendet sicut uirgultum coram eo, et sicut radix de terra sitienti: non est species ei, neque decor: et uidimus eum, et non erat aspectus, et desiderauimus eum: ³ Despectúm, et nouissimum uirorum, uirum dolorum, et scientem infirmitatem: et quasi absconditus uultus eius et despectus, unde nec reputauimus eum.

⁴ Uere languores nostros ipse tulit, et dolores nostros ipse portauit: et nos putauimus eum quasi leprosum, et percussum a Deo et humiliatum. ⁵ Ipse autem uulneratus est propter iniquitates nostras, attritus est propter scelera nostra: disciplina pacis nostrae super eum, et liuore eius sanati sumus. ⁶ Omnes nos quasi oues errauimus, unusquisque in uiam suam declinauit: et posuit Dominus in eo iniquitatem omnium nostrum.

⁷ Oblatus est quia ipse uoluit, et non aperuit os suum: sicut ouis ad occisionem ducetur, et quasi agnus coram tondente se obmutescet, et non aperiet os suum. ⁸ De angustia, et de iudicio sublatus est: generationem eius quis enarrabit? quia abscissus est de terra uiuentium: propter scelus populi mei percussi eum. ⁹ Et dabit impios pro sepultura, et diuitem pro morte sua: eo quod iniquitatem non fecerit, neque dolus fuerit in ore eius.

¹⁰ Et Dominus uoluit conterere eum in infirmitate: si posuerit pro peccato animam suam, uidebit semen longaeuum, et uoluntas Domini in manu eius dirigetur. ¹¹ Pro eo quod laborauit anima eius, uidebit et saturabitur: in scientia sua iustificabit ipse iustus seruus meus multos, et iniquitates

eorum ipse portabit. ¹² Ideo dispertiam ei plurimos: et fortium diuidet spolia, pro eo quod tradidit in mortem animam suam, et cum sceleratis reputatus est: et ipse peccata multorum tulit, et pro transgressoribus rogauit.

Hieremias XXXI. 10–17.

¹⁰ Audite uerbum Domini Gentes, et adnuntiate in insulis, quae procul sunt, et dicite: Qui dispersit Israhel, congregabit eum: et custodiet eum sicut pastor gregem suum. ¹¹ Redemit enim Dominus Iacob, et liberauit eum de manu potentioris. ¹² Et uenient, et laudabunt in monte Sion: et confluent ad bona Domini super frumento, et uino, et oleo, et foetu pecorum et armentorum: eritque anima eorum quasi hortus irriguus, et ultra non esurient. ¹³ Tunc laetabitur uirgo in choro, iuuenes et senes simul: et conuertam luctum eorum in gaudium, et consolabor eos, et laetificabo a dolore suo. ¹⁴ Et inebriabo animam sacerdotum pinguedine: et populus meus bonis meis adimplebitur, ait Dominus.

¹⁵ Haec dicit Dominus: Uox in excelso audita est lamentationis, luctus, et fletus Rachel plorantis filios suos, et nolentis consolari super eis, quia non sunt. ¹⁶ Haec dicit Dominus: Quiescat uox tua a ploratu, et oculi tui a lacrimis: quia est merces operi tuo, ait Dominus: et reuertentur de terra inimici. ¹⁷ Et est spes nouissimis tuis, ait Dominus: et reuertentur filii ad terminos suos.

Ezechiel XXXVII. 1 14.

¹ Facta est super me manus Domini, et eduxit me in spiritu Domini: et dimisit me in medio campi, qui erat plenus ossibus: ² Et circumduxit me per ea in gyro: erant autem multa ualde super faciem campi, siccaque uehementer. ³ Et dixit ad me: Fili hominis putasne uiuent ossa ista? Et dixi: Domine Deus, tu nosti. ⁴ Et dixit ad me: Uaticinare de ossibus istis: et dices eis: Ossa arida audite uerbum Domini. ⁵ Haec dicit Dominus Deus ossibus his: Ecce ego intromittam in uos spiritum, et uiuetis. ⁶ Et dabo super uos neruos, et succrescere faciam super uos carnes, et superextendam in nobis cutem: et dabo uobis spiritum, et uiuetis, et scietis quia ego Dominus. ⁷ Et prophetaui sicut praeceperat mihi: factus est autem sonitus, prophetante me, et ecce commotio; et accesserunt ossa ad ossa, unumquodque ad iuncturam suam. ⁸ Et nidi, et ecce super ea nerui, et carnes ascenderunt: et extenta est in eis cutis desuper, et spiritum non habebant. ⁹ Et dixit ad me: Uaticinare ad spiritum, uaticinare fili hominis, et dices ad spiritum: Haec dicit Dominus Deus: A quattuor uentis ueni spiritus, et insuffla super interfectos istos, et reuiuiscant. ¹⁰ Et prophetaui sicut praeceperat mihi: et ingressus est in ea spiritus, et uixerunt: steteruntque super pedes suos exercitus grandis nimis ualde. ¹¹ Et dixit ad me: Fili hominis, ossa haec uniuersa, domus Israhel est: ipsi dicunt: Aruerunt ossa nostra, et periit spes nostra, et abscissi sumus. ¹² Propterea uaticinare, et dices ad eos: Haec dicit Dominus Deus: Ecce ego aperiam tumulos uestros, et educam uos de sepulchris uestris populus meus: et inducam uos in terram Israhel

¹³ Et scietis quia ego Dominus, cum aperuero sepulchra uestra, et eduxero uos de tumulis uestris popule meus: ¹⁴ Et dedero spiritum meum in uobis, et uixeritis, et requiescere uos faciam super humum uestram: et scietis quia ego Dominus locutus sum, et feci; ait Dominus Deus.

1 Machabaeorum III. 10–IV. 25.

¹⁰ Et congregauit Apollonius Gentes, et a Samaria uirtutem multam et magnam ad bellandum contra Israhel. ¹¹ Et cognouit Iudas, et exiit obuiam illi: et percussit, et occidit illum: et ceciderunt uulnerati multi, et reliqui fugerunt. ¹² Et accepit spolia eorum: et gladium Apollonii abstulit Iudas, et erat pugnans in eo omnibus diebus.

¹³ Et audiuit Seron princeps exercitus Syriae, quod congregauit Iudas congregationem fidelium, et ecclesiam secum, ¹⁴ et ait: Faciam mihi nomen, et glorificabor in regno, et debellabo Iudam, et eos, qui cum ipso sunt, qui spernebant uerbum regis. ¹⁵ Et praeparauit se: et ascenderunt cum eo castra impiorum fortes auxiliarii ut facerent uindictam in filios Israhel.

¹⁶ Et adpropinquauerunt usque ad Bethoron: et exiuit Iudas obuiam illi cum paucis. ¹⁷ Ut autem uiderunt exercitum uenientem sibi obuiam, dixerunt Iudae: Quomodo poterimus pauci pugnare contra multitudinem tantam, et tam fortem, et nos fatigati sumus ieiunio hodie? ¹⁸ Et ait Iudas: Facile est concludi multos in manus paucorum: et non est differentia in conspectu Dei caeli liberare in multis, et in- paucis: ¹⁹ quoniam non in multitudine exercitus uictoria belli, sed de caelo fortitudo est. ²⁰ Ipsi ueniunt ad

nos in multitudine contumaci, et superbia ut disperdant nos, et uxores nostras, et filios nostros, et ut spolient nos: [21] nos uero pugnabimus pro animabus nostris, et legibus nostris: [22] et ipse Dominus conteret eos ante faciem nostram: uos autem ne timueritis eos.

[23] Ut cessauit autem loqui, insiluit in eos subito: et contritus est Seron, et exercitus eius in conspectu ipsius: [24] et persecutus est eum in descensu Bethoron usque in campum, et ceciderunt ex eis octingenti uiri, reliqui autem fugerunt in terram Philisthiim.

[25] Et cecidit timor Iudae, ac fratrum eius, et formido super omnes gentes in circuitu eorum. [26] Et peruenit ad regem nomen eius, et de proeliis Iudae narrabant omnes gentes.

[27] Ut audiuit autem rex Antiochus sermones istos, iratus est animo: et misit, et congregauit exercitum uniuersi regni sui, castra fortia ualde: [28] et aperuit aerarium suum, et dedit stipendia exercitui in annum: et mandauit illis ut essent parati ad omnia. [29] Et uidit quod defecit pecunia de thesauris suis, et tributa regionis modica propter dissensionem, et plagam, quam fecit in terra, ut tolleret legitima, quae erant a primis diebus· [30] et timuit ne non haberet ut semel et bis, in sumptus et donaria, quae dederat ante larga manu: et abundauerat super reges, qui ante eum fuerant. [31] Et consternatus erat animo ualde, et cogitauit ire in Persidem, et accipere tributa regionum, et congregare argentum multum. [32] Et reliquit Lysiam hominem nobilem de genere regali, super negotia regia, a flumine Euphrate usque ad flumen Aegypti: [33] et ut nutriret Antiochum filium suum, donec rediret. [34] Et tradidit ei medium exercitum, et elephantos: et mandauit ei de omnibus, quae uolebat, et de inhabitantibus Iudaeam, et Hierusalem: [35] et

ut mitteret ad eos exercitum ad conterendam, et extirpandam uirtutem Israhel, et reliquias Hierusalem, et auferendam memoriam eorum de loco: ³⁶ et ut constitueret habitatores filios alienigenas in omnibus finibus eorum, et sorte distribueret terram eorum. ³⁷ Et rex adsumsit partem exercitus residui, et exiuit ab Antiochia ciuitate regni sui anno centesimo et quadragesimo septimo: et transfretauit Euphraten flumen, et perambulabat superiores regiones.

³⁸ Et elegit Lysias Ptolemaeum filium Dorymini, et Nicanorem, et Gorgiam, uiros potentes ex amicis regis: ³⁹ et misit cum eis quadraginta milia uirorum, et septem milia equitum ut uenirent in terram Iuda, et disperderent eam secundum uerbum regis. ⁴⁰ Et processerunt cum uniuersa uirtute sua, et uenerunt, et adplicuerunt Emmaum in terra campestri. ⁴¹ Et audierunt mercatores regionum nomen eorum: et acceperunt argentum, et aurum multum ualde, et pueros: et uenerunt in castra ut acciperent filios Israhel in seruos, et additi sunt ad eos exercitus Syriae, et terrae alienigenarum.

⁴² Et uidit Iudas, et fratres eius, quia multiplicata sunt mala, et exercitus adplicabant ad fines eorum: et cognouerunt uerba regis, quae mandauit populo facere in interitum, et consummationem: ⁴³ et dixerunt unusquisque ad proximum suum: Erigamus deiectionem populi nostri, et pugnemus pro populo nostro, et sanctis nostris. ⁴⁴ Et congregatus est conuentus ut essent parati in proelium: et ut orarent, et peterent misericordiam, et miserationes. ⁴⁵ Et Hierusalem non habitabatur, sed erat sicut desertum: non erat qui ingrederetur et egrederetur de natis eius: et sanctum conculcabatur: et filii alienigenarum erant in arce, ibi erat habitatio Gentium: et ablata est uoluptas a Iacob, et defecit ibi tibia, et cithara. ⁴⁶ Et congregati sunt, et uenerunt in Mas-

pha contra Hierusalem: quia locus orationis erat in Maspha ante in Israhel ⁴⁷ Et ieiunauerunt illa die, et induerunt se ciliciis, et cinerem inposuerunt capiti suo: et disciderunt uestimenta sua: ⁴⁸ et expanderunt libros legis, de quibus scrutabantur Gentes similitudinem simulacrorum suorum: ⁴⁹ et attulerunt ornamenta sacerdotalia, et primitias, et decimas: et suscitauerunt Nazaraeos, qui impleuerant dies: ⁵⁰ et clamauerunt uoce magna in caelum, dicentes: Quid faciemus istis, et quo eos ducemus? ⁵¹ Et sancta tua conculcata sunt, et contaminata sunt, et sacerdotes tui facti sunt in luctum, et in humilitatem. ⁵² Et ecce Nationes conuenerunt aduersum nos ut nos disperdant: tu scis quae cogitant in nos. ⁵³ Quomodo poterimus subsistere ante faciem eorum, nisi tu Deus adiuues nos? ⁵⁴ Et tubis exclamauerunt uoce magna.

⁵⁵ Et post haec constituit Iudas duces populi, tribunos, et centuriones, et pentacontarchos, et decuriones. ⁵⁶ Et dixit his, qui aedificabant domos, et sponsabant uxores, et plantabant uineas, et formidolosis, ut redirent unusquisque in domum suam secundum legem. ⁵⁷ Et mouerunt castra, et conlocauerunt ad Austrum Emmaum. ⁵⁸ Et ait Iudas: Accingimini, et estote filii potentes, et estote parati in mane, ut pugnetis aduersus Nationes has, quae conuenerunt aduersus nos disperdere nos, et sancta nostra: ⁵⁹ quoniam melius est nos mori in bello, quam uidere mala gentis nostrae, et sanctorum. ⁶⁰ Sicut autem fuerit uoluntas in caelo, sic fiat.

IV. ¹ Et adsumsit Gorgias quinque milia uirorum, et mille equites electos: et mouerunt castra nocte ² ut adplicarent ad castra Iudaeorum, et percuterent eos subito: et filii, qui erant ex arce, erant illis duces. ³ Et audiuit Iudas, et surrexit ipse, et potentes percutere uirtutem exercituum regis, qui erant in Emmaum. ⁴ Adhuc enim dispersus erat exercitus a castris. ⁵ Et uenit Gorgias in castra Iudae noctu, et neminem inuenit, et quaerebat eos in montibus: quoniam dixit: Fugiunt hi a nobis. ⁶ Et cum dies factus esset, apparuit Iudas in campo cum tribus milibus uirorum tantum: qui tegumenta, et gladios non habebant: ⁷ et uiderunt castra Gentium ualida, et loricatos, et equitatus in circuitu eorum, et hi docti ad proelium. ⁸ Et ait Iudas uiris, qui secum erant: Ne timueritis multitudinem eorum, et impetum eorum ne formidetis. ⁹ Mementote qualiter salui facti sunt patres nostri in mari rubro, cum sequeretur eos Pharao cum exercitu multo. ¹⁰ Et nunc clamemus in caelum: et miserebitur nostri Dominus, et memor erit testamenti patrum nostrorum, et conteret exercitum istum ante faciem nostram hodie: ¹¹ et scient omnes gentes quia est qui redimat, et liberet Israhel. ¹² Et eleuauerunt alienigenae oculos suos, et uiderunt eos uenientes ex aduerso. ¹³ Et exierunt de castris in proelium, et tuba cecinerunt hi, qui erant cum Iuda: ¹⁴ Et congressi sunt: et contritae sunt Gentes, et fugerunt in campum. ¹⁵ Nouissimi autem omnes ceciderunt in gladio, et persecuti sunt eos usque Gezeron, et usque in campos Idumaeae, et Azoti, et Iamniae: et ceciderunt ex illis usque ad tria milia uirorum. ¹⁶ Et reuersus est Iudas, et exercitus eius, sequens eum. ¹⁷ Dixitque ad populum: Non concupiscaris spolia: quia bellum contra nos est, ¹⁸ et Gorgias et exercitus eius prope nos in monte: sed state nunc contra inimicos nostros, et expugnate eos, et sumetis postea spolia securi. ¹⁹ Et adhuc loquente Iuda haec, ecce apparuit pars quaedam prospiciens de monte. ²⁰ Et uidit Gorgias quod in fugam conuersi sunt sui, et succenderunt castra: fumus enim, qui uidebatur, declarabat quod factum est. ²¹ Quibus illi conspectis timuerunt ualde, aspicientes simul et Iudam, et exercitum in campo paratum ad proelium. ²² Et fugerunt omnes in campum alienigenarum: ²³ et Iudas reuersus est ad spolia castrorum, et acceperunt aurum multum, et argentum, et hyacinthum, et purpuram marinam, et opes magnas. ²⁴ Et conuersi, hymnum canebant, et benedicebant Deum in caelum, quoniam bonus est, quoniam in saeculum misericordia eius. ²⁵ Et facta est salus magna in Israhel in die illa.

Euangelium secundum Mattheum V. 1-12.

¹ Uidens autem turbas ascendit in montem: et cum sedisset accesserunt ad eum discipuli eius. ² Et aperiens os suum docebat eos, dicens:

³ Beati pauperes spiritu quoniam ipsorum est regnum caelorum.

⁴ Beati mites quoniam ipsi possidebunt terram.

⁵ Beati qui lugent quoniam ipsi consolabuntur.

⁶ Beati qui esuriunt et sitiunt iustitiam quoniam ipsi saturabuntur.

⁷ Beati misericordes quoniam ipsi misericordiam consequentur.

⁸ Beati mundo corde quoniam ipsi Deum uidebunt.

⁹ Beati pacifici quoniam ipsi filii Dei uocabuntur.

¹⁰ Beati qui persecutionem patiuntur propter iustitiam quoniam ipsorum est regnum caelorum.

¹¹ Beati estis cum maledixerint uobis et persecuti uos fuerint, et dixerint omne malum aduersum uos mentientes propter me: ¹² gaudete et exultate quoniam merces uestra copiosa est in caelis: sic enim persecuti sunt prophetas qui fuerunt ante uos.

VI. 1-13

¹ Attendite ne iustitiam uestram faciatis coram hominibus ut uideamini ab eis: alioquin mercedem non habebitis apud Patrem uestrum qui in caelis est.
² Cum ergo facies elemosynam, noli tuba canere ante te, sicut hypocritae faciunt in synagogis et in uicis, ut honorificentur ab hominibus: amen dico uobis, receperunt mercedem suam. ³ Te autem faciente elemosynam nesciat sinistra tua quid faciat dextera tua: ⁴ ut sit elemosyna tua in abscondito: et Pater tuus qui uidet in abscondito reddet tibi.
⁵ Et cum oratis non eritis sicut hypocritae, qui amant in synagogis et in angulis platearum stantes orare, ut uideantur ab hominibus: amen dico uobis, receperunt mercedem suam. ⁶ Tu autem cum orabis, intra in cubiculum tuum: et clauso ostio tuo ora Patrem tuum in abscondito: et Pater tuus qui uidet in abscondito reddet tibi. ⁷ Orantes autem nolite multum loqui sicut ethnici: putant enim quia in multiloquio suo exaudiantur. ⁸ Nolite ergo adsimilari eis: scit enim Pater uester quibus opus sit uobis ante quam petatis eum. ⁹ Sic ergo uos orabitis: Pater noster qui es in caelis, sanctificetur nomen tuum: ¹⁰ adueniat regnum tuum: fiat uoluntas tua sicut in caelo et in terra. ¹¹ Panem nostrum supersubstantialem da nobis hodie: ¹² et dimitte nobis debita nostra, sicut et nos dimittimus debitoribus nostris: ¹³ et ne inducas nos in temtationem: sed libera nos a malo.

Euangelium secundum Lucam I. 46-55.

⁴⁶ Et ait Maria:
  Magnificat anima mea Dominum:
    ⁴⁷ et exultauit spiritus meus in Deo salutari meo.
⁴⁸ Quia respexit humilitatem ancillae suae:
    ecce enim ex hoc beatam me dicent omnes genera-
      tiones.
⁴⁹ Quia fecit mihi magna qui potens est:
    et sanctum nomen eius.
⁵⁰ Et misericordia eius in progenies et progenies timenti-
    bus eum.
⁵¹ Fecit potentiam in brachio suo:
    dispersit superbos mente cordis sui.
⁵² Deposuit potentes de sede:
    et exaltauit humiles.
⁵³ Esurientes impleuit bonis:
    et diuites dimisit inanes.
⁵⁴ Suscepit Israhel puerum suum,
    memorari misericordiae:
⁵⁵ Sicut locutus est ad patres nostros,
    Abraham et semini eius in saecula.

67-79.

⁶⁷ Et Zacharias pater eius impletus est Spiritu sancto, et
    prophetauit, dicens:
⁶⁸ Benedictus Dominus Deus Israhel:
    quia uisitauit, et fecit redemptionem plebi suae.
⁶⁹ Et erexit cornu salutis nobis:
    in domo Dauid pueri sui.

⁷⁰ Sicut locutus est per os sanctorum, qui a saeculo sunt, prophetarum eius:
⁷¹ Salutem ex inimicis nostris: et de manu omnium qui oderunt nos.
⁷² Ad faciendam misericordiam cum patribus nostris:
et memorari testamenti sui sancti.
⁷³ Iusiurandum, quod iurauit ad Abraham patrem nostrum, ⁷⁴ daturum se nobis.
Ut sine timore, de manu inimicorum nostrorum liberati, seruiamus illi ⁷⁵ in sanctitate et iustitia coram ipso, omnibus diebus nostris.
⁷⁶ Et tu puer, propheta Altissimi uocaberis:
praeibis enim ante faciem Domini parare uias eius:
⁷⁷ Ad dandam scientiam salutis plebi eius:
in remissionem peccatorum eorum:
⁷⁸ Per uiscera misericordiae Dei nostri:
in quibus uisitauit nos oriens ex alto:
⁷⁹ Inluminare his qui in tenebris et in umbra mortis sedent:
ad dirigendos pedes nostros in uiam pacis.

II. 1–14.

¹ Factum est autem in diebus illis, exiit edictum a Caesare Augusto, ut describeretur uniuersus orbis. ² Haec descriptio prima facta est praeside Syriae Quirino: ³ et ibant omnes ut profiterentur singuli in suam ciuitatem. ⁴ Ascendit autem et Joseph a Galilaea de ciuitate Nazareth, in Iudaeam ciuitatem Dauid, quae uocatur Bethleem: eo quod esset de domo et familia Dauid, ⁵ ut profiteretur cum Maria desponsata sibi uxore praegnate. ⁶ Factum est autem cum essent ibi, impleti sunt dies ut pareret. ⁷ Et peperit filium suum

primogenitum, et pannis eum inuoluit: et reclinauit eum in praesepio, quia non erat eis locus in diuersorio.

[8] Et pastores erant in regione eadem uigilantes et custodientes uigilias noctis supra gregem suum. [9] Et ecce angelus Domini stetit iuxta illos, et claritas Dei circumfulsit illos, et timuerunt timore magno. [10] Et dixit illis angelus: Nolite timere: ecce enim euangelizo uobis gaudium magnum, quod erit omni populo: [11] quia natus est uobis hodie Saluator, qui est Christus Dominus, in ciuitate Dauid. [12] Et hoc uobis signum: Inuenietis infantem pannis inuolutum, et positum in praesepio. [13] Et subito facta est cum angelo multitudo militiae caelestis laudantium Deum, et dicentium:

[14] Gloria in altissimis Deo,
    et in terra pax in hominibus bonae uoluntatis.

II. 25-32.

[25] Et ecce homo erat in Hierusalem, cui nomen Symeon: et homo iste iustus et timoratus, expectans consolationem Israhel, et Spiritus sanctus erat in eo. [26] Et responsum acceperat ab Spiritu sancto, non uisurum se mortem, nisi prius uideret Christum Domini. [27] Et uenit in Spiritu in templum, Et cum inducerent puerum Iesum parentes eius, ut facerent secundum consuetudinem legis pro eo, [28] et ipse accepit eum in ulnas suas, et benedixit Deum et dixit:

[29] Nunc dimittis sernum tuum,
    Domine, secundum uerbum tuum in pace:
[30] quia uiderunt oculi mei salutare tuum,
    [31] quod parasti ante faciem omnium populorum:
[32] lumen ad reuelationem gentium,
    et gloriam plebis tuae Israhel.

Euangelium secundum Iohannem I. 1-14.

¹ In principio erat uerbum, et uerbum erat apud Deum, et Deus erat uerbum. ² Hoc erat in principio apud Deum. ³ Omnia per ipsum facta sunt: et sine ipso factum est nihil: quod factum est ⁴ in ipso uita erat: et uita erat lux hominum: ⁵ et lux in tenebris lucet, et tenebrae eam non comprehenderunt. ⁶ Fuit homo missus a Deo, cui nomen erat Iohannes. ⁷ Hic uenit in testimonium, ut testimonium perhiberet de lumine, ut omnes crederent per illum. ⁸ Non erat ille lux, sed ut testimonium perhiberet de lumine. ⁹ Erat lux uera, quae inluminat omnem hominem uenientem in mundum. ¹⁰ In mundo erat, et mundus per ipsum factus est: et mundus eum non cognouit. ¹¹ In propria uenit, et sui eum non receperunt. ¹² Quotquot autem receperunt eum, dedit eos potestatem filios Dei fieri, his qui credunt in nomine eius: ¹³ qui non ex sanguinibus, neque ex uoluntate carnis, neque ex uoluntate uiri, sed ex Deo nati sunt. ¹⁴ Et uerbum caro factum est, et habitauit in nobis: et uidimus gloriam eius, gloriam quasi unigeniti a patre, plenum gratiae et ueritatis.

XIV. 1-24.

¹ Non turbetur cor uestrum: creditis in Deum, et in me credite. ² In domo Patris mei mansiones multae sunt: si quo minus, dixissem uobis, quia uado parare uobis locum. ³ Et si abiero, et praeparauero nobis locum, iterum uenio, et accipiam uos ad me ipsum: ut ubi sum ego, et uos sitis.

⁴ Et quo ego uado scitis, et uiam scitis. ⁵ Dicit ei Thomas: Domine, nescimus quo uadis: et quomodo possumus uiam scire? ⁶ Dicit ei Iesus: Ego sum uia, et ueritas, et uita: nemo uenit ad Patrem, nisi per me. ⁷ Si cognouissetis me, et Patrem meum utique cognouissetis: et a modo cognoscitis eum, et uidistis eum. ⁸ Dicit ei Philippus: Domine, ostende nobis Patrem, et sufficit nobis. ⁹ Dicit ei Iesus: Tanto tempore uobiscum sum, et non cognouistis me, Philippe? Qui uidit me, uidit et Patrem: Quomodo tu dicis: Ostende nobis Patrem? ¹⁰ Non credis quia ego in Patre, et Pater in me est? Uerba quae ego loquor uobis, a me ipso non loquor. Pater autem in me manens, ipse facit opera. ¹¹ Non creditis quia ego in Patre, et Pater in me est? Alioquin propter opera ipsa credite. ¹² Amen, amen dico uobis: Qui credit in me, opera quae ego facio et ipse faciet: et maiora horum faciet, quia ego ad Patrem uado. ¹³ Et quodcumque petieritis in nomine meo, hoc faciam: ut glorificetur Pater in Filio. ¹⁴ Si quid petieritis me in nomine meo, hoc faciam. ¹⁵ Si diligitis me, mandata mea seruate. ¹⁶ Et ego rogabo Patrem, et alium Paracletum dabit uobis, ut maneat uobiscum in aeternum, ¹⁷ Spiritum ueritatis, quem mundus non potest accipere, quia non uidet eum, nec scit eum: uos autem cognoscitis eum, quia apud uos manebit, et in uobis erit. ¹⁸ Non relinquam uos orfanos: ueniam ad uos. ¹⁹ Adhuc modicum, et mundus me iam non uidet: uos autem uidetis me: quia ego uiuo, et uos uiuetis. ²⁰ In illo die uos cognoscetis quia ego sum in Patre meo, et uos in me, et ego in uobis. ²¹ Qui habet mandata mea, et seruat ea: ille est, qui diligit me. Qui autem diligit me, diligetur a Patre meo: et ego diligam eum, et manifestabo ei me ipsum. ²² Dicit ei Iudas, non ille Scariotis: Domine, quid factum est, quia nobis manifestaturus es te ipsum, et non mundo? ²³ Re-

spondit Iesus, et dixit ei: Si quis diligis me, sermonem meum seruabit, et Pater meus diliget eum, et ad eum ueniemus, et mansionem apud eum faciemus: ²⁴ qui non diligit me, sermones meos non seruat. Et sermonem quem audistis, non est meus, sed eius qui misit me Patris.

Actus Apostolorum XII. 1-19.

¹ Eodem autem tempore misit Herodes rex manus, ut adfligeret quosdam de ecclesia. ² Occidit autem Iacobum fratrem Iohannis gladio. ³ Uidens autem quia placeret Iudaeis, adposuit adprehendere et Petrum. Erant autem dies azymorum. ⁴ Quem cum adprehendisset, misit in carcerem, tradens quattuor quaternionibus militum custodire eum, uolens post pascha producere eum populo. ⁵ Et Petrus quidem seruabatur in carcere: oratio autem fiebat sine intermissione ab ecclesia ad Deum pro eo. ⁶ Cum autem producturus eum esset Herodes, in ipsa nocte erat Petrus dormiens inter duos milites, uinctus catenis duabus: et custodes ante ostium custodiebant carcerem. ⁷ Et ecce angelus Domini adstitit, et lumen refulsit in habitaculo: percussoque latere Petri, suscitauit eum, dicens: Surge uelociter. Et ceciderunt catenae de manibus eius. ⁸ Dixit autem angelus ad eum: Praecingere, et calcia te galliculas tuas. Et fecit sic: et dixit illi: Circumda tibi uestimentum tuum, et sequere me. ⁹ Et exiens sequebatur eum, et nesciebat quia uerum est quod fiebat per angelum: aestimabat autem se uisum uidere. ¹⁰ Transeuntes autem primam et secundam custodiam, uenerunt ad portam ferream, quae ducit ad ciuitatem: quae ultro aperta est eis. Et exeuntes processerunt nicum unum: et continuo dis-

cessit angelus ab eo. ¹¹ Et Petrus ad se reuersus, dixit: Nunc scio uere quia misit Dominus angelum suum, et eripuit me de manu Herodis, et de omni expectatione plebis Iudaeorum. ¹² Consideransque uenit ad domum Mariae matris Iohannis qui cognominatus est Marcus, ubi erant multi congregati et orantes. ¹³ Pulsante autem eo ostium ianuae, processit puella ad audiendum, nomine Rhode. ¹⁴ Et ut cognouit uocem Petri, prae gaudio non aperuit ianuam, sed intro currens nuntiauit stare Petrum ante ianuam. ¹⁵ At illi dixerunt ad eam: Insanis. Illa autem adfirmabat sic se habere. Illi autem dicebant: Angelus eius est. ¹⁶ Petrus autem perseuerabat pulsans: cum autem aperuissent, uiderunt eum, et obstipuerunt. ¹⁷ Annuens autem eis manu ut tacerent, narrauit quomodo Dominus eduxisset eum de carcere, dixitque: Nuntiate Iacobo et fratribus haec. Et egressus abiit in alium locum. ¹⁸ Facta autem die, erat non parua turbatio inter milites, quidnam de Petro factum esset. ¹⁹ Herodes autem cum requisisset eum, et non inuenisset, inquisitione facta de custodibus, iussit eos duci: descendensque a Iudaea in Caesaream, ibi commoratus est.

Epistula ad Romanos XII.

¹ Obsecro itaque uos, fratres, per misericordiam Dei, ut exhibeatis corpora uestra hostiam uiuentem, sanctam, Deo placentem, rationabile obsequium uestrum. ² Et nolite conformari huic saeculo, sed reformamini in nouitate sensus uestri: ut probetis quae sit uoluntas Dei bona, et placens, et perfecta.

³ Dico enim per gratiam quae data est mihi, omnibus qui sunt inter uos: Non plus sapere quam oportet sapere, sed sapere ad sobrietatem: et unicuique sicut Deus diuisit mensuram fidei. ⁴ Sicut enim in uno corpore multa membra habemus, omnia autem membra non eundem actnm habent: ⁵ ita multi unum corpus sumus in Christo, singuli autem alter alterius membra. ⁶ Habentes autem donationes secundum gratiam quae data est nobis, differentes: ⁷ siue prophetiam secundum rationem fidei: siue ministerium in ministrando: siue qui docet in doctrina: ⁸ qui exhortatur in exhortando: qui tribuit in simplicitate: qui praeest in sollicitudine: qui miseretur in hilaritate. ⁹ Dilectio sine simulatione: odientes malum, adhaerentes bono: ¹⁰ caritatem fraternitatis inuicem diligentes: honore inuicem praeuenientes: ¹¹ sollicitudine non pigri: spiritu feruentes: Domino seruientes: ¹² spe gaudentes: in tribulatione patientes: orationi instantes: ¹³ necessitatibus sanctorum communicantes: hospitalitatem sectantes. ¹⁴ Benedicite persequentibus: benedicite, et nolite maledicere. ¹⁵ Gaudere cum gaudentibus: fiere cum flentibus: ¹⁶ id ipsum inuicem sentientes: non alta sapientes, sed humilibus consentientes. Nolite esse prudentes apud uosmet ipsos. ¹⁷ Nulli malum pro malo reddentes: prouidentes bona, non tantum coram Deo, sed etiam coram omnibus hominibus. ¹⁸ Si fieri potest, quod ex nobis est, cum omnibus hominibus pacem habentes. ¹⁹ Non uosmet ipsos defendentes, carissimi, sed date locum irae: scriptum est enim: Mihi uindictam, ego retribuam, dicit Dominus. ²⁰ Sed si esurierit inimicus tuus, ciba illum: si sitit, potum da illi: hoc enim faciens, carbones ignis congeres super caput eius. ²¹ Noli uinci a malo, sed uince in bono malum.

Epistula ad Corinthios Prima XIII.

[1] Si linguis hominum loquar et angelorum, caritatem autem non habeam, factus sum uelut aes sonans, aut cymbalum tinniens. [2] Et si habuero prophetiam, et nouerim mysteria omnia, et omnem scientiam: et si habuero omnem fidem, ita ut montes transferam, caritatem autem non habuero, nihil sum. [3] Et si distribuero in cibos pauperum omnes facultates meas: et si tradidero corpus meum ut ardeam, caritatem autem non habuero, nihil mihi prodest. [4] Caritas patiens est, benigna est: caritas non aemulatur, non agit perperam, non inflatur, [5] non est ambitiosa, non quaerit quae sua sunt, non inritatur, non cogitat malum, [6] non gaudet super iniquitatem, congaudet autem ueritati: [7] omnia suffert, omnia credit, omnia sperat, omnia sustinet. [8] Caritas numquam excidit: siue prophetiae, euacuabuntur: siue linguae, cessabunt: siue scientia, destruetur. [9] Ex parte enim cognoscimus, et ex parte prophetamus: [10] cum autem uenerit quod perfectum est, euacuabitur quod ex parte est [11] Cum essem paruulus, loquebar ut paruulus, sapiebam ut paruulus, cogitabam ut paruulus: quando factus sum uir, euacuaui quae erant paruuli. [12] Uidemus nunc per speculum in enigmate: tunc autem facie ad faciem: nunc cognosco ex parte: tunc autem cognoscam sicut et cognitus sum. [13] Nunc autem manet fides, spes, caritas, tria haec: maior autem his est caritas.

IOHANNIS EPISTULA PRIMA IV. 7–21.

⁷ Carissimi, diligamus inuicem: quoniam caritas ex Deo est, et omnis qui diligit ex Deo natus est, et cognoscit Deum. ⁸ Qui non diligit, non nouit Deum: quoniam Deus caritas est. ⁹ In hoc apparuit caritas Dei in nobis, quoniam Filium suum unigenitum misit Deus in mundum, ut uiuamus per eum. ¹⁰ In hoc est caritas: non quasi nos dilexerimus Deum, sed quoniam ipse dilexit nos, et misit Filium suum propitiationem pro peccatis nostris. ¹¹ Carissimi, si sic Deus dilexit nos, et nos debemus alterutrum diligere. ¹² Deum nemo uidit umquam. Si diligamus inuicem, Deus in nobis manet, et caritas eius in nobis perfecta est. ¹³ In hoc intellegimus quoniam in eo manemus et ipse in nobis, quoniam de Spiritu suo dedit nobis. ¹⁴ Et nos uidimus, et testificamur quoniam Pater misit Filium Saluatorem mundi. ¹⁵ Quisquis confessus fuerit quoniam Iesus est Filius Dei, Deus in eo manet, et ipse in Deo. ¹⁶ Et nos cognouimus et credimus caritati quam habet Deus in nobis. Deus caritas est: et qui manet in caritate, in Deo manet, et Deus in eo. ¹⁷ In hoc perfecta est caritas nobiscum, ut fiduciam habeamus in die iudicii: quia sicut ille est, et nos sumus in hoc mundo. ¹⁸ Timor non est in caritate: sed perfecta caritas foras mittit timorem, quoniam timor poenam habet: qui autem timet, non est perfectus in caritate. ¹⁹ Nos ergo diligamus, quoniam Deus prior dilexit nos. ²⁰ Si quis dixerit quoniam diligo Deum, et fratrem suum oderit, mendax est. Qui enim non diligit fratrem suum quem uidet, Deum quem non uidet quomodo potest diligere? ²¹ Et hoc mandatum habemus ab eo: ut qui diligit Deum, diligat et fratrem suum.

Apocalypsis Iohannis VII. 9–17.

⁹ Post haec uidi turbam magnam, quam dinumerare nemo poterat, ex omnibus gentibus, et tribubus, et populis, et linguis, stantes ante thronum, et in conspectu Agni, amicti stolas albas, et palmae in manibus eorum: ¹⁰ et clamabant uoce magna dicentes: Salus Deo nostro qui sedet super thronum, et Agno. ¹¹ Et omnes angeli stabant in circuitu throni, et seniorum, et quattuor animalium: et ceciderunt in conspectu throni in facies suas, et adorauerunt Deum, ¹² dicentes: Amen. Benedictio et claritas, et sapientia et gratiarum actio, et honor et uirtus, et fortitudo Deo nostro in saecula saeculorum. Amen. ¹³ Et respondit unus de senioribus, dicens mihi: Hi qui amicti sunt stolis albis, qui sunt et unde uenerunt? ¹⁴ Et dixi illi: Domine mi, tu scis. Et dixit mihi: Hi sunt qui ueniunt de tribulatione magna, et lauerunt stolas suas, et dealbauerunt eas in sanguine Agni. ¹⁵ Ideo sunt ante thronum Dei, et seruiunt ei die ac nocte in templo eius: et qui sedet in throno habitabit super illos: ¹⁶ non esurient neque sitient amplius, nec cadet super illos sol neque ullus aestus: ¹⁷ quoniam Agnus qui in medio throni est, reget illos, et deducet eos ad uitae fontes aquarum, et absterget Deus omnem lacrimam ex oculis eorum.

XIX. 1–10.

¹ Post haec audiui quasi uocem magnam turbarum multarum in caelo dicentium: Alleluia: salus, et gloria, et uirtus Deo nostro est: ² quia uera et iusta iudicia sunt eius, qui iudicauit de meretrice magna quae corrupit terram in pro-

stitutione sua, et uindicauit sanguinem seruorum suorum de manibus eius. ³ Et iterum dixerunt: Alleluia: et fumus eius ascendit in saecula saeculorum. ⁴ Et ceciderunt seniores uiginti quattuor, et quattuor animalia, et adorauerunt Deum sedentem super thronum, dicentes: Amen: Alleluia. ⁵ Et uox de throno exiuit, dicens: Laudem dicite Deo nostro, omnes serui eius et qui timetis eum, pusilli et magni. ⁶ Et audiui quasi uocem turbae magnae, et sicut uocem aquarum multarum, et sicut uocem tonitruum magnorum, dicentium: Alleluia: quoniam regnauit Dominus Deus noster omnipotens. ⁷ Gaudeamus et exultemus, et demus gloriam ei: quia uenerunt nuptiae Agni, et uxor eius praeparauit se. ⁸ Et datum est illi ut cooperiat se byssinum splendens, candidum. Byssinum enim iustificationes sunt sanctorum. ⁹ Et dicit mihi: Scribe: Beati, qui ad caenam nuptiarum Agni uocati sunt. Et dicit mihi: Haec uerba uera Dei sunt. ¹⁰ Et cecidi ante pedes eius, ut adorarem eum. Et dicit mihi: Uide ne feceris: conseruus tuus sum, et fratrum tuorum habentium testimonium Iesu. Deum adora: testimonium enim Iesu est spiritus prophetiae.

XXI. 1-8.

Et uidi caelum nouum et terram nouam: primum enim caelum et prima terra abiit, et mare iam non est. ² Et ciuitatem sanctam Hierusalem nouam uidi descendentem de caelo a Deo, paratam sicut sponsam ornatam uiro suo. ³ Et audiui uocem magnam de throno dicentem: Ecce tabernaculum Dei cum hominibus, et habitabit cum eis: et ipsi populus eius erunt, et ipse Deus cum eis erit eorum Deus: ⁴ et absterget Deus omnem lacrimam ab oculis eorum: et mors ultra non erit, neque luctus, neque clamor, neque dolor erit ultra, quia prima abierunt. ⁵ Et dixit qui sedebat in throno: Ecce noua facio omnia. Et dicit: Scribe, quia haec uerba fidelissima sunt et uera. ⁶ Et dixit mihi: Factum est. Ego sum α et ω: initium et finis. Ego sitienti dabo de fonte aquae uiuae, gratis. ⁷ Qui uicerit, possidebit haec, et ero illi Deus, et ille erit mihi filius. ⁸ Timidis autem, et incredulis, et execratis, et homicidis, et fornicatoribus, et ueneficis, et idolatris, et omnibus mendacibus, pars illorum erit in stagno ardenti igne et sulphure, quod est mors secunda.

XXII. 16–21.

¹⁶ Ego Iesus misi angelum meum testificari uobis haec in ecclesiis. Ego sum radix et genus Dauid, stella·splendida et matutina.

¹⁷ Et Spiritus et sponsa dicunt: Ueni. Et qui audit, dicat: Ueni. Et qui sitit, ueniat: qui uult, accipiat aquam uitae gratis.

¹⁸ Contestor ego omni audienti uerba prophetiae libri huius: Si quis adposuerit ad haec, adponet Deus super illum plagas scriptas in libro isto. ¹⁹ Et si quis diminuerit de uerbis libri·prophetiae huius, auferet Deus partem eius de ligno uitae, et de ciuitate sancta, et de his quae scripta sunt in libro isto.

²⁰ Dicit qui testimonium perhibet istorum: Etiam uenio cito: Amen. Ueni Domine Iesu.

²¹ Gratia Domini nostri Iesu Christi cum omnibus. Amen

PRINTED BY
BILLING AND SONS, LIMITED,
GUILDFORD, ENGLAND

CPSIA information can be obtained at www.ICGtesting.com
Printed in the USA
BVOW05s1915090216

436118BV00021B/219/P